लौट आएँगी आँखें

(कविता-संग्रह)

वाणी प्रकाशन

नयी दिल्ली-110002

फोन : 3273167, 3275710 • फैक्स : 3275710

e-mail : vani_prakashan@yahoo.com

vani_prakashan@mantraonline.com

लौट आएँगी आँखें

रामकुमार कृषक

वाणी प्रकाशन

वाणी प्रकाशन का 'लोगो'
विख्यात चित्रकार मक़बूल फ़िदा हुसेन की
कूची से

ISBN : 81-7055-803-4

वाणी प्रकाशन
21-ए, दरियागंज, नयी दिल्ली-110002
द्वारा प्रकाशित

फोन : 0091#11#23273167, 23275710
फैक्स : 0091#11#23275710
ई-मेल : vaniprakashan@gmail.com
vani_prakashan@yahoo.com
वेबसाइट : www.vaniprakashan.com

संस्करण : 2007
आवरण : वाणी चित्रांकन

मूल्य : 250.00

शुभम ऑफसेट, दिल्ली-110032
द्वारा मुद्रित

LAUT AAYANGI AANKHEN
(Poems) by Ram Kumar Krishak

तुम अगर स्मृति हो
तो मेरा मस्तिष्क तुम्हारा कृतज्ञ है
सम्वेदन हो तो हृदय
और लहू हो तो रोम-रोम…

ये कविताएँ
अम्माँ को याद करते हुए

—कृषक

अनुक्रम

उम्मीद है माँ को

बहुत उदास हैं गेहूँ के खेत
खिली ही नहीं सरसों
खिलखिलाए ही नहीं
जौ जई चना और मटर
नहीं हो पाई छतनार अरहर इस बार

सूखे गन्ने की तरह खड़ा है भागसिंह
गाँठा नहीं जा सका हुक्का
आ नहीं सकी नई नै
तार के सहारे टिकी है महीनों से
चटकी हुई चिलम
बेसुरे हो गए हैं चैता और फग्गू
कोंपलें नहीं फूटीं बसंती के गालों पर

हाड़-हाड़ हो गए हैं
हीरा और मोती
दूध पी गई अपना ही आप भूरी
पाड़ा चल ही बसा था उतरे माघ

उम्मीद है माँ को
शहर से लौटेगा उसका उम्मेद
ले ही आएगा हज़ार-दो हज़ार
लकीरें रोशनी की दो-चार
पथराई नहीं हैं पुतलियाँ अभी।

25-3-1973

सूर्यमुखी

अंतरिक्ष में लटके हुए सहस्रों सूर्य
हमारे हैं
प्रकाशमान होना चाहते हैं
उन्हीं की तरह हम

लेकिन जब शुरू होती है
हमारी प्रकाश-यात्रा
खोल-दर-खोल
परत-दर-परत
पहनकर फ़ौलादी कवच
ढँपे-सिकुड़े स्वयं में
उतर जाते हैं कीचड़ में
घोंघे की तरह

या उड़ते हैं दंभ के डैनों पर सवार
सम्पाती की तरह ऊपर
अथवा फैल जाते हैं
अछोर क्षुद्रकणों की तरह भू पर

कितना निरपेक्ष होता है
यह सब
सबसे / स्वयं से भी
घोंघे की तरह रेंगना
सम्पाती की तरह उड़ना
और रेत की तरह फैलना

और जब
हमारी चाहत हमारी नहीं होती
तो सूरज भी किसी और का होता है

खण्डित हो जाता है
उसका बिम्ब
बदल जाते हैं चश्मे
बंद हो जाती हैं खिड़कियाँ
सरक जाते हैं पर्दे
उभर आती हैं अनेकानेक आकृतियाँ
लाल काली पीली

तपःच्युत् ज्ञानच्युत् कर्मच्युत्
अधोमुखी हो जाता है प्रकाश
और हम
बाहर जीने की चाह में
मरने लगते हैं भीतर ही भीतर !

21-9-1974

प्रतिक्रिया से परे

पोस्टर दीवारों पर
अब भी चिपके हुए हैं
रंग बदला है उनका
शब्द बदले हैं
स्याहियाँ बदली हैं / और
बदली हैं सुर्ख़ियाँ

अब वे सिर्फ़ क्रियावादी हैं
प्रतिक्रिया से परे
निरपेक्ष और अछूते

अब नहीं चिपकतीं आँखें उन पर
वही रखते हैं इरादा चिपकने का

ठीऽक सामने से
गुज़रता हुआ सारा शहर
इधर से उधर हो जाता है
और

कोई आहट नहीं होती
कोई कबूतर नहीं उड़ता
कोई उल्लू नहीं बोलता
कोई चील नहीं चिंचियाती

कितने भले मानुष हो गए हैं लोग
और
कितने समझदार परिंदे तमाम !

3-5-1976

साभार

कैसा क्रांतिकारी समय है
कि समय
खुद-ब-खुद क्रांति हो गया है

हफ़्ते-दो हफ़्ते में
देश के समूचे ज़िस्म पर
फैल जाता है एक धब्बा
और स्याह होने लगती है सारी सफ़ेदी

हरेक धब्बा हरेक रंग
छोटा और फीका पड़ने लगता है उसके समक्ष
बौना बना डालता है
बड़े से बड़े आकारों को उसका आकार

विख्यात राजनीतिक पुस्तक से
साभार !

3-5-76

फोड़ा सुरक्षित है

न जाने कब से
स्यात तभी से / जब से
अचेतना के खड्ड से
उबरना शुरू करते हैं हम
हमारी चेतना में उभरने लगता है एक फोड़ा

हमें पता ही नहीं चलता
और वह कमबख़्त
पल-छिन दिन-ब-दिन
मोटाता चला आता है
और कुछ इस तरह भाता है
कि नितांत अपना हो जाता है

कोई छू तो ले ज़रा
मीठा-मीठा दर्द हो उठता है हरा
तार-तार झनझना उठता है चेतना का
सप्राण हो उठता है पूरे-का-पूरा ज़िस्म
खुद-ब-खुद घूमने लगता है ब्रह्मांड

अनायास हो जाता है सीता-हरण
और भीतर-ही-भीतर
घटने लगते हैं कई लंकाकांड···

अजीब जानवर है यह आदमी
जुगाली-पर-जुगाली किए जा रहा है
और फोड़ा बढ़ता आ रहा है
जमाने-भर के लिए हैं इसके नाखून
और दाँत और यह खुद
हर चेहरे पर हैं इसके होने के निशान
मगर फोड़ा सुरक्षित है

अँगुली मत उठाइए जंनाब
बर्दाश्त के बाहर है !

5-5-76

असहमति

एक पूरी जमात है मेरे सामने
अभी-अभी जनमी है जो
हुआ-हुआ करती

हुआ-हुआ की उसकी यह जन्म-धुन
एक नवागमन की जानकारी तो देती है
जानकारी बनती नहीं
अहसास नहीं कराती

लेकिन लोग हैं कि गा-बजा रहे हैं
और मैं देख रहा हूँ
गाते-बजाते उन्हें
तोरण बनाते और सजाते बंदनवार
आए-दिन रचते-रचाते त्यौहार
एक नए राष्ट्रीय पंचाग के अनुसार

मुझे नहीं लगता कि ये सब
ब-खुशी गा-बजा रहे हैं

या कोई पर्व मना रहे हैं

किसिम-किसिम के गवैए-बजैए देखे हैं मैंने
सुने भी हैं
सभी का हुलिया
उभर आता है एक साथ मेरे ज़हन में
सोचता हूँ
कौन-सी किसिम मान लिया जाय इन्हें

नहीं जानता कि इतिहास
किस नाम से पुकारेगा इन्हें
हालाँकि बेमायने ही रहा है
इतिहास का अकेले पुकारना आज को

दरअसल जमात के जन्म की
जतलाहट नहीं
अकुलाहट चाहता हूँ मैं
किसी कृत्रिम हुआ-हुआ का शोर नहीं
बल्कि अयाचित अहसास का सुख।

6-5-76

रात का सूरज

जब मैं अपने आसमान पर होता हूँ
वह वहाँ नहीं होता
पर वह होती है अब भी
धमकियाँ देती हुई
जो उसकी बगलगीर रही है दिन-भर
और मैं···
बर्दाश्त करता हूँ उसे रात-भर···

रात-भर अपनी देह पर
उसे / और खुद को / और उस पीले परिवेश को
जो खुद झेल रहा होता है मुझे
और अपने आसपास बिखरे बहुत-कुछ को

खुरदुरी, प्लास्टर उखड़ी तपती छतों पर
अपने-अपने अँधेरों पर बिछी चटाइयाँ
चीकट-चिथड़ाई चादरें और
उन पर निढाल तार-तार बनियान-कच्छे
और घिसे / दाग़-दगीले पेटीकोट···
धँसे / फूले पेट

नंगी / तनी रीढ़ें
प्यास और पसीने से बेचैन बचपन
स्तनों को चूसता, चबाता और ऊँघता

दूऽर किसी फ़ैक्ट्री का
सन्नाता हुआ स्टीम-बॉयलर
पास ही रेंगते नाले की उड़ती हुई सड़ाँध
धुआँ और धूल
गलियों में टहलती गालियाँ और सीटियाँ
और 'जय माता दी' कनफोड़ होड़···
ऐसे में न मैं ख़त्म होता हूँ
न मेरा आसमान
कि आसमान फिर उसका होने लगता है

कहीं से उतरती है कोई झपकी परी
कि वह पाँयताने उग आता है
मैं उसे नमस्कार नहीं करता
वह ऊपर चढ़ने लगंता है
मैं उठ बैठता हूँ
वह सिर पर आ जाता है
मैं उठ खड़ा होता हूँ···
लेकिन मेरा आसमान
मेरा नहीं रहता···और···

हर सुबह अपदस्थ हुआ मैं
चाय के साथ उबलना शुरू कर देता हूँ !

9-6-1977

पीढ़ियों के प्रश्न*

आओ, मेरी भयजन्य निर्मिति
मेरे याचित शुक्रांश
मेरे भूतात्म रूपाकार
आओ, मैं तुम्हारा स्वागत करता हूँ

परिवार-नियोजन के ऐतिहासिक काल में
आयोजन हुआ था तुम्हारा
तुम ऐतिहासिक हो
ऐतिहासिक हो कई और कारणों से भी

काफी दिनों से प्रतीक्षा थी तुम्हारी
प्रतीक्षा थी दादी के झुर्रियाते चेहरे पर
पाकर भी दो बार
तुम्हें ही खो चुकी माँ की आँखों में
हर साल राखियाँ खरीदती-खेलती
बहनों की हथेलियों में
और दीवार पर टँगे कलैण्डर की

---

* कौशल के जन्म पर।

उस रंगाकृति में
जिसमें लगातार बरसों से
किसी गुड़िया से खेल रहे थे तुम
बिना रूठे बिना बड़े हुए
और बिना बड़ी किए उस गुड़िया को

अब / जब आ ही गए हो तो आओ
आँगनहीन इस खाली घर में
भरे मन से
हम तुम्हारा स्वागत करते हैं

तुम नहीं जानते
नहीं जान सकोगे
नहीं ही जान सको कि अभी
कुछ ही देर पहले
कैसी छटपटा रही थी एक वत्सल देह
एक धरती तुम्हारे लिए
या अपने लिए / या फिर वास्ते मेरे

खाली घर खाली जेब और खाली वक़्त
भरी धरती का छटपटाना
एक दुःसह अकथ अनुभूति है बेटे !
तुम नहीं जान सकोगे
नहीं ही जान सको

आज तुम···सिर्फ़ तुम पैदा हुए
खुशी पैदा नहीं हुई
तुम उगे और मन डूब गया

ऐसा भी सूरज निकलता है कहीं
कि पंछी न गाए कोई
फुनगियाँ न सजें पेड़ों की
धरती पड़ी रहे उदास / और
अम्बर का चेहरा हो जाय और निस्तेज

आज या कल या परसों
सम्भव है इन सवालों का उत्तर खोजो तुम
तुम जो एक गरीब पीढ़ी हो
और ये पीढ़ियों के प्रश्न हैं...

19-9-77

कुछ-कुछ कविताएँ

सोच

सोच रहा हूँ
सोचना बंद कर दूँ
और सुखी रहूँ !

भूख

मेरे जन्म से बहुत पहले
जनमी एक भूख / और
एक और भूख में समा गई

तब मेरा जन्म हुआ
और वही भूख
मुझमें भी आ गई !

गिरना

बच्चा उठता है
गिरता है

खड़ा हो जाता है
इसी तरह बड़ा हो जाता है
लेकिन बड़ा गिरता है
तो छोटा हो जाता है !

छायाविहीन

बुरा तो नहीं है
अपनी शाखाओं, फूल, फल और
पत्तियों पर गर्व करना
मस्त रहना तन्नाते हुए उन्हीं में
लेकिन वह जर्जर देह
रीत गई जो खाद की बोरी की तरह
और बह रही है आज भी
तुम्हारे समूचे जिस्म में
कौन-सी छाया तलाश करे ?

अपशकुन

खेतों के बीचों-बीच
काट ली गई गाँव की नाक

छींकना उसका उनके रास्ते
अपशकुन होगा उसी को
जानती नहीं थी वह

लेकिन जानती अगर
तो क्या रोक पाती छींकना अपना ?

नागरबोध

नागरिक / जंतु नहीं हम वन्य
सभ्यता है प्लेट कप सौजन्य
और उसमें चाय सद्व्यवहार
आओ, थोड़ी गप्प हाँकें यार !

आत्मरक्षा के लिए

पुलिस को गोली चलानी पड़ी
गोली चलानी पड़ती है पुलिस को
घिर जाती है हिंसकों के बीच
जैसे अहिंसा···
'अ' हटा दे आत्मरक्षा के लिए
हिंसा हो जाये !

अगर हम

न छल होता न प्रपंच
न स्वार्थ होता न मंच
न चादर होती न दाग़
न फूस होता न आग
न प्राण होते न प्रण
न देह होती न व्रण
न दुष्ट होते न नेक
न अलग होते न एक
न शहर होते न गाँव
न धूप होती न छाँव
अगर हम जानवर होते !

इतिहास पर रोना

वह रो रहा था
लोग हँस रहे थे
मैं ज़रा देर से समझा—
इतिहास पर रोना
अक्सर हँसाता है !

इसी धरती पर

आँसू और पसीने की एक बूँद
न सही सागर
सागर का अंश अवश्य है

उसी सागर का
जो ऐसी ही अरबों-अरब
बूँदों से बना है
और इसी धरती पर है
आलोड़ित-विलोड़ित और विक्षुब्ध !

ट्यूबलाइट

दीवार पर चस्पाँ ट्यूबलाइट
स्विच उसका ऑन है
करेंट भी है
लेकिन लाइट नहीं है

ज़रूर कहीं ख़राबी होगी
ख़राबी न हो तो चमक होती है

यह जानने के लिए
ज़रूरी नहीं कि हम
इलैक्ट्रीशियन हों
या लाइनमैन
या वायरमैन

सिर्फ़ मैन हों तो चलेगा।

पोस्टर पर पोस्टर

गाँधी की आदमक़द मूर्ति पर
चिपका हुआ पोस्टर
पोस्टर पर पोस्टर···

गाँधी आज पोस्टर है

पूरे-के-पूरे इतिहास को
उसकी समाधि और
समाधि के चारों ओर
चिन्दी-चिन्दी कर
चिपका दिया गया है

यही जो हुआ
कम तो नहीं हुआ ?

1971-1981

सफ़ेदी के लिए

यही है वो चौराहा
उकडूँ आ बैठते हैं
बिवाइयों-भरे पाँव जहाँ
तलाशते हुए रोज़गार

यहीं आते हैं बारोज़गार बाबू
लाला और दूकानदार
रोज़गार भरे अपनी-अपनी जेबों में

खोल देते हैं उनके सामने
दस × आठ या दस × बारह के कमरे
रसोई बरामदा बाथरूम और लैट्रीन
दीवारें और छतें तो होंगी ही
ज़रूरी नहीं है कहा जाना उनके बारे में

अभी पिछले हफ़्ते ही पहुँचे हैं
छोड़कर गाँव-गिराँव अपना
बल्बोत्सव तो होगा ही

इस साल भी राजधानी में

जानना चाहती हैं जेबें
धियाड़ी या हिसाब ठेके का
छुपाते हुए उधड़ी हुई सीवन अपनी

सुनती हैं ज़रूरतें
झिझकती हैं
ताकती हैं ऊपर-नीचे
चेहरे पर टँकी हुई आँखें
छुपाए नहीं छुपतीं कटी-फटी अँगुलियाँ

बेताब हैं फिर भी
उजलाने को धुआँ-धुआँ मकान
घुलाना ही होगा सफ़ेदी के लिए अपना वजूद
ख़िलाफ़ हैं स्याही के
बावजूद होने के स्याह और स्याह।

11-10-81

सूरज रास्ते पर

भायँ-भायँ कर रही है पूस की रात
काँप रहा है
चौपाल का बूढ़ा नीम शाख़-शाख़ पत्तों समेत

मद्धम पड़ गई है अलावों की आँच
छतों पर जा चढ़ी बीड़ियाँ
चमक रही हैं आँखों की तरह

काला कम्बल
अँधेरे और ठण्ड से
जूझ रहा है एक साथ
मजबूत करती रही हैं
पीठ की थिगलियाँ उसे
तार-तार बँधी है उसमें
हिम्मत पुरखों की

माँ कहती है—
यह तेरे दादा की निशानी है

पसीने और मिट्टी
और पकी फसलों की गंध
इससे गई नहीं कभी
यादों की तरह पैबस्त है

यादें···
सन्नाटे से सटे हुए कान
खुभी हुई आँखें अँधेरे में
सन्नाते हुए हण्टर और
तनी हुई बंदूकें···
कि चमक उठा फ़ायर सीवान पर
और गरज उठी छत्त···

काफ़ूर हो गईं सपनिल स्मृतियाँ
सन्नद्ध होकर बैठ गई नींद
धूल झाड़कर दौड़ने लगा सन्नाटा
गरमाहट महसूस करने लगा बूढ़ा नीम
और काँपने लगा अँधेरा अपनी खोह में।

2-12-81

अपराध

मेमने को उठा ले गया
भेड़िया
और गडरिये ने जा पकड़ा
उसकी माँ को–

जिम्मेदार है तू
कि तूने मेमना पैदा किया
शेर नहीं किया

भेड़ की आँखों में आँसू
और उन्हें पीता हुआ आश्चर्य...
स्यार की तरह काँप रहा है
उसका मालिक !

2-12-81

चेराबण्डा राजू* के प्रति

सिर्फ़ देखा और जाना है तुम्हें
तुम्हारी शहादत के बाद
चंद चित्रों और कविताओं में...
देखा है
पत्नी और बच्चों और हुजूम के साथ
और महसूसा है
अनेकानेक साथियों के दिलो-दिमाग़ में

ख़बर ही थी मेरे लिए—
बरसों-बरस
जेलों / अस्पतालों को गुंजान करते हुए
भेदते हुए उनका अमानवीय तिलिस्म / और
मिथ्यालोक
तुम्हारी मौत गाँधी-अस्पताल में हुई

कैसा है यह गाँधी-अस्पताल

---

* तेलुगु के क्रांतिकारी जनकवि।

मारे जा रहे हैं जहाँ लोग
ज़िंदगी के लिए लड़ते हुए
अपनी / और उनकी
जो लड़ रहे हैं कहीं भी

लड़ रहे हैं
ऐसे रामराज्य और धर्मराज्य के ख़िलाफ़
जिसमें मारे जाते रहे हों शम्बूक
ठोकर से उद्धार किया जाता रहा हो अहिल्या का
चरणामृत से भक्तराज कहलाया हो केवट
विरूप कर दिया गया हो रूप-मुग्धाओं को
छुपा लिया गया हो एक धोबी के बहाने
अपना ही मनसा पाप और संदेह
और पीटा गया हो ढिंढोरा
प्रजा-वत्सल और मर्यादा-पुरुषोत्तम होने का...
या फिर
भोगा जाता रहा हो पंच परमेश्वरों द्वारा
नारी को पत्नी कहकर
लगा दिया गया हो महत्त्वाकांक्षाओं के दाँव पर
चीज़ की तरह / और
तबाह कर दिया गया हो समूचा भारत
एक कुनबायी सत्ता-संग्राम में

जानता हूँ
जान गए थे तुम
ऐसे ही रामराज्य और
धर्मराज्य का रहस्य
और यह भी कि कैसे

अक्षरों, शब्दों और वाक्यों में बाँधकर
खोल दिया जाय इसे
ख़ानों और कारख़ानों में
कैसे बो दिया जाय भाषा को बीज की तरह
खेतों-खलिहानों में
कैसे पाल-पोसकर बड़ा किया जाय
विद्रोही गीतांकुरों को
और रच दिया जाय कैसे उनका रंग
हवा के होठों पर

या कैसे समझा दिया जाय जन-जन को
कि तुम इसी धरती के बेटे हो
जो तुमसे है
पर तुम्हारी नहीं
और ये तुम्हारी ही मिलें हैं
जो धुआँ-धुआँ उड़ा रही हैं सिर्फ़ तुम्हें
और यह तुम्हारा ही पसीना है
जो इत्र में तब्दील हो रहा है हर रोज़

जानता हूँ
यही जान गए थे तुम / और
जानना ही सबसे बड़ा जुर्म है
उनके लिए
जो इस अस्पताल के व्यवस्थापक हैं
और जिन पर जिम्मेदारी है
ऐसे हर जानकार को पहचानने
और ठहराए जाने की कसूरवार / क्योंकि
एक वैचारिक संक्रमण का ख़तरा है देश को

हर उस आदमी से
जो जान गया हो उन्हें भी

जानता हूँ
ऐसे ही आदमी थे तुम / और
यह भी जानता हूँ कि
निरापद नहीं है जानना तुम्हें
हाँ, रास्ता ज़रूर है
निरापद होने का।

29-12-1983

जीवन-राग

ज़िंदगी की तरह
चहचहाती हुई आती हो
मेरे बिस्तर के पास
चमक उठती हैं उदास आँखें
जीवंत हो जाती है उम्मीद
फुदकने लगता है दिल का चूजा

कमरे से बड़ी है खिड़की
खिड़की से बड़ा है आकाश
उतार लाती हो जिसे मेरे सिरहाने
अनंत अछोर विस्तार सहित उसके

काष्ठवत् हो गई गर्दन
और कंधों पर अपने
महसूस करता हूँ तुम्हारे पंखों की छुअन / और
परवाज़ करने लगता हूँ
दूर-दूर तक।

15-3-1983

कविता नहीं

गिरने से दरख़्त के
धरती नहीं हिला करती है
धरती के हिलने से / अलबत्ता
दरख़्त गिरते हैं !

5-11-1984

ये जो बच्चे हैं

ये जो बच्चे हैं न
घोंसलों में अपने-अपने
जिनकी अभी
आँखें भी नहीं खुलीं
सपने देखने लगे हैं···
और हौसला
नाप लेने का अछोर आसमान
पंख फड़फड़ाने लगा है
कहीं भीतर !

27-4-1985

एक और चीज़

बेचते हैं साहित्य
जानते हैं ख़रीदना साहित्यकारों को
बाज़ार है हाथ में उनके

मातहत हो अगर कोई लेखक
या लेखकनुमा
चिढ़ते हैं उससे
कहते हैं बड़बड़ाते हुए—
समाज होता है इनका
दायरा दोस्त-मित्रों का / और परिवार
तनाव / और दुःख दुनिया-भर के
भावुकता / और रोग सोचते रहने का

घड़ी बेहतर है इंसान से
काम करती है लगातार
सोचती नहीं
चलती रहती है दिन-रात
न तलब पान-बीड़ी की

न चस्का चाय का
ज़रूरत है महज़ चाबी
जैसे रोटी
और वह उनके पास है

बहुत कुछ और भी है पास उनके
मसलन कुर्सी / रौब-दाब
कलमें कमल-नाल-सी
दरबार और बाज़ार

लेकिन एक और चीज़ भी है
अयाँ हो जाने को फ़ितरतन
हिलते रहने को-बाअदब !

11-6-1986

कर्मण्यवाधिकारस्ते…

हे अर्जुन !
कर्म पर ही तेरा अधिकार है
फल की चिंता छोड़
उस पर तेरा कोई अधिकार नहीं

लेकिन याद रख
तू यदि मृत्यु को प्राप्त हुआ
तो स्वर्ग का राज्य मिलेगा
और यदि विजयी
तो धरती का…

इसलिए, हे पार्थ !
निष्काम, निस्पृह और
निर्लिप्त रहकर युद्ध कर !

8-7-86

उसके बिना

कम ही ऐसा होता है
कि कविताएँ हों
और कवि न हो कविताओं में अपनी

पर उस रोज़ ऐसा ही हुआ
वह नहीं था
और लोग प्रसन्न थे
मौजूद मान रहे थे उसे
उसके बिना

दाद दे रहे थे
तालियाँ पीट रहे थे !

3-8-86

कविता-गोष्ठी

1.
उसने कविता पढ़ी
और सुनता रहा
उसने कविता सुनी
और पढ़ता रहा

बातचीत हुई / और
महान हो गईं काव्य-चिंताएँ
समूचे समाज पर छा गए
कविता के सरोकार

अच्छा लगता है मुझे भी
बुद्धू की तरह बैठे रहना / और
उठ खड़े होना बुद्ध की तरह !

2.
कुछ तो है ऐसा
जो कल नहीं था कविता में

मसलन
समझ में न आना
बना देना वातावरण मातमी
दिखाई न देना कविता चेहरे पर
न उतर पाना श्रोता का उसके आवेग में

महत्त्वूपर्ण है यह
कहा जाना चाहिए इसे
रेखांकित किया जाना
कि अधिक गम्भीर हो गई है कविता
सोचने लगी है समाज के बारे में
चिल्ल-पौं नहीं मचाती अब
बाज के पंजों में दबी चिड़िया की तरह···
परवाज़ करती है उसी ऊँचाई पर
जिस पर बाज
अधिक शांत है इन दिनों
चिंतन करती हुई हमलावर की गिरफ़्त में

देख रही है फिर भी लगातार
धरती की ओर
बता रही है हमें—
उबरना चाहते हो गर्त से
तो ऊँचाई तक उठो
ऊँचाई तक कविता की
नाज़ुक है, बारीक
कच्चा धागा है कविता
उठो, पकड़ो और झूल जाओ
कोशिश करो ऊपर उठने की

देखो, टूट न जाय
नाजुक है, बारीक
ज़रूरी है नाजुकी और बारीकी
फिर भी उठो, पकड़ो और झूल जाओ
वरना बुरा नहीं है गर्त
पर्याय है गहराई का
कहा जाना चाहिए इसे
महत्त्वपूर्ण है यह भी !

9-8-86

वह भाषा है

तुम उससे काम लो
काम चलाओ अपना
सेवा मत करो
वह भाषा है

अपंग नहीं होती भाषा
बैसाखियाँ नहीं चाहिए
काठ के क़दमों में लहू नहीं दौड़ता
भाषा लहू है
ज़रूरी है स्वास्थ्य के लिए
उसका लहू बने रहना
दूध से
माँ के दूध से रंग पाया है उसने
पुरस्कृत मत करो उसे
अपमान होगा–
माँ का
दूध का
लहू का

पुरस्कार का
और तुम्हारा

तुम उससे काम लो
काम चलाओ अपना
सेवा मत करो
वह भाषा है।

17-9-86

ढल रहा है

परशुराम का शिष्य है कर्णसिंह
शान से स्वीकारता है इसे
गर्व है शिष्यत्व पर अपने

सिखाया है उस्ताद ने
पिलाना पानी / बनाना चाय
उठाना ट्रे / सुनना कॉलबैल
झुकना सामने साहब के
कहना—जी सर, जी साब !
बजा लाना हुकुम
लौटना करते हुए कोर्निश
बाअदब बामुलाहिजा...

अच्छा लड़का है
समझदार मेहनती और ईमानदार
गुस्सैल था ज़रा पहले
ढल रहा है धीरे-धीरे !

5-4-1987

कविता हूँ भोपाली

इलाहाबाद मैका मेरा ससुरालय भोपाल
काशी उजड़े जुग भया दिल्ली हुई दलाल

मस्ती ही मस्ती है
वैसे भी सस्ती है
रखती हूँ ब्वॉय फ्रैंड
जलें-भुनें साजन जी
दुनिया हो दंग भले
रखती हूँ ठेंगे पर

सासू की साँस गई
ननद हुई बम्बइया
भइया जी साजन के
द्वि-वर कहलाते हैं
फुसलाते कई बार
कहते हैं–देखो तो
हम भी हैं भौजाई
तुम-जैसी भले नहीं

बीवी है कविताई

बस-बस-बस रहने दो
मैं तो बस मैं ही हूँ
घर-समाज मुझसे है
धड़कन हूँ हर पल की
कालबोध मेरा है
रचना के मूल्य सभी
मेरी ही रचना हैं
सार्वभौम सृष्टि हूँ
सृष्टा की दृष्टि हूँ

मुखरित हूँ सांकेतिकता
आभूषित सामाजिकता
उत्तर हूँ प्रश्न नहीं
प्रश्न नहीं उत्तर हूँ
राजनीति छिः छिः छिः
सौतन है सदियों से
हरजाई मूढ़मति
चर्चा तक भी तौबा !

लॉनों में फूलों-सी
शाखों पर कोंपल हूँ
भँवरों की चाहत-सी
चिड़ियों की फुदकन हूँ
मेरे ही रंगों ने
तितलियाँ रचीं मोहक
वैसी ही नाजुक हूँ

चंचल हूँ वैसी ही

स्वर्गिक सौंदर्य अमित
सौंपती सभी को हूँ
कहती हूँ आर्ष वचन
सेठों का सुख-वैभव
पुण्यों का फल उनके
कुढ़ो नहीं सुलगो मत
असंतोष दुश्मन है
मगन रहो अपने में
साधना करो उसकी
दुनिया तो माया है
अद्‌भुत अदृश्य वही
मिथ्या सब दृश्यमान
इससे निर्लिप्त रहो

मेरी जो मस्ती है
उसका है राज़ यही
जो भी हूँ जैसी हूँ
चर्चित हूँ अर्चित हूँ
कलावंत कहते हैं
कलावती रूपवान
प्रियदर्शी आँखों को
दिल-दिमाग़ से चौकस
कविता हूँ भोपाली
मैका है इलाहाबाद...

22-6-87

घूम रहे हैं दिमाग

घूम रहे हैं दिमाग़...
मिल नहीं रहा हल
पूरे नहीं पड़ रहे हाथ
समूचे के समूचे नहीं आ रहे गिरफ़्त में

छड़े होना चाहिए हाथों को
दुनियादार होते हैं अगर
बँटे हुए बीवी-बच्चों में
परेशानी पैदा करते हैं
बच्चों के साथ-साथ

खाना-दाना कपड़ा-लत्ता
दवा-दारू शादी-ब्याह
सभी में उलझ जाते हैं
उलझनें बढ़ाते हैं

उलझनविहीन होने चाहिए हाथ
घूम रहे हैं दिमाग़ !

9-10-87

नया साल

1.
आ रहा है नया साल
भेजने होंगे ग्रीटिंग्स
सूची बना लेना चाहता हूँ
मित्र-सम्बन्धियों की

लिख-लिखकर
फाड़ दिए हैं कई कागज़
फेंक दिए हैं लपेटकर उनमें
कई दोस्त

सिर खुजाया है कई बार
याद नहीं आ रहे नाम और पते
पता नहीं नोट तो किये थे कहीं…

निकल गए हैं कई दिन
और नज़दीक आ गया है नया साल
और छोटा हो गया है वजूद
आते-आते…बड़ा दिन

फ्रैण्ड्स को देंगे ग्रीटिंग्स
ज़िद कर रहे हैं बच्चे
मायूस हो रहे हैं
हो गए हैं चुप
खुद बनाने लगे हैं
रंग बह रहे हैं कागज़ों पर
तितली-चिड़िया-फूल
निकल रहे हैं दिलों से
सहेज रही हैं अँगुलियाँ
हँस रही हैं आँखें
मुस्कुरा रहे हैं होंठ
दिखा रहे हैं मम्मी-पापा को
हो रही है हूँ-हाँ
छिपाई जा रही है सराहना में शर्मिंदगी !

2.
आ रहा है नया साल
सोना नहीं है आज 12 तक
बढ़िया प्रोग्राम देनेवाला है टी.वी.
घोषणा हो रही है बार-बार
दिखाई देंगे बड़े-बड़े फ़नकार
व्यंग्य लेख पढ़नेवाले हैं कोई बड़े लेखक
कविताएँ हास्य कवि
कूल्हे मटकाएगा मैट्रो
आर्केस्ट्रा होगा अमेरिकी
मुबारकबाद देगा टी.वी.

सोया नहीं हूँ मैं

बज गए हैं बारह
सोया नहीं है घर
हो गई है आधी रात
सोया नहीं है कोई
गहरा रही है रात
जाग रहा हूँ लगातार
कट नहीं रही है रात
बावजूद लिखते रहने के
कविताएँ !

19-12-1988

ढाई आखर

मेरे चारों ओर हैं किताबें
और मैं उनके चारों ओर
सदियों से एक-दूसरे का
चक्कर काटते हुए
कट रही है ज़िंदगी

उधड़ रही है सीवन
टूट रहे हैं धागे
चाट रही है दीमक
हो रहा है रंग बदरंग
रद्दी के भाव बिक रहे हैं दोनों
टुकुर-टुकुर ताक रही हैं आँखें और
शब्द / एक-दूसरे को

कोई आए और
शुरुआत करे नई साक्षरता की
ढाई आखर में समा जाय समूची क़ायनात।

3-1-1989

चाहत की तरह

सपने की तरह उगा था वह
वत्सल हो उठी थी धरती की कोख
नहलाया था प्रकाश ने उसे
ओसकणों ने सौंपी थी चमक
सहलाया था आँखों ने
मौसम की तरह खुशगवार हो उठा था वह

कितनी-कितनी उड़ानों ने किया था
बसेरा उस पर
बनाए थे घोंसले
चोंच-दर-चोंच किया था प्यार
खुजलाई थीं पाँखें एक-दूसरे की
जनमा था चाहत की तरह धरती की

कितने-कितने थके-हारों ने
ताज़गी पाई थी उसके नीचे
छाते की तरह ताना था उसे
धूप और बरसात और खुद-ब-खुद

ठिठुरती हुई रातों में

कितना-कितना धुआँ पीता रहा
बाँटता रहा जीवन सभी को
उँडेलता रहा अमृत-घट लगातार

भूसात हो रहा है फिर भी वही
काटे जा रहे हैं अंगांग उसी के !

12-4-89 / रेलवे स्टेशन, अमरोहा

बड़े आदमी

"हलो···
बात हुई तलवार साहब से ?"
"जी, जी साब !"
"फ़िर ?"
"बड़े आदमी हैं जी···
डर लगता है
बाहर न हो जाएँ म्यान से
ज़्यादा नहीं कह सका
आप कहिए न साब !···

"नईं-नईं, आपकी बात और है जी
बराबर का स्टेटस है आपका
आपको नहीं काटेंगे
मेहरबानी जी···बहुत-बहुत मेरहबानी !"

11-9-89

किताबों से नहीं

किताबों से
नहीं है कविता
न किताबों के लिए है

जंगल से जनमी है
जंगल के ख़िलाफ़
जहाँ-जहाँ जंगल
वहाँ-वहाँ कविता

वाल्मीकि तो माध्यम है
उद्दीपक है क्रौंच-वध / और
करानेवाला कानून

जो भी उसका विरोध करेगा
ख़िलाफ़ होगा क्रौंच-वध के
और जो ख़िलाफ़ है
कवि है।

10-3-1990

जब वे उतरे और गुज़रे

1.
साफ कर दी गईं सड़कें
फुटपाथों के आस-पास उग आए बिरवे
पानी को तरसती जड़ें
कँटीली खुरदरी झाड़ियाँ
उजाड़-सी हरियाली
धूल-धूसरित शाखाएँ / पत्तियाँ
हटा दी गईं कहीं दूर
नगरपालिका के भव्य कूड़ेदानों तक

धोई गईं सड़कें
चमकाए गए फुटपाथ
इत्र छिड़का गया कंक्रीट और डामर पर
और आस-पास सजा दिए गए
हज़ार-हज़ार गुलदान

तब वे उतरे / और गुज़रे
महक रही थीं तमाम सड़कें

लहलहा रहे थे फुटपाथ
हिल रही थीं झंडियाँ हाथों में
गुलदानों के

नहीं जानते कूड़ेदान
फेंक दिया गया है जो भी उनमें
उसी की चिंता में उतरे हैं वो
ठौर-ठौर फुटपाथों पर उग आए बिरवों / पौधों को
वृक्षों में बदलने की चिन्ता लिये
अलम्बरदारी करते हुए
उन्हीं की !

2.
कुछ को
गाड़ा गया
उनके घरों में
और कुछ को
उखाड़ा गया
ज़मीन से

यह भी एक अंदाज़ है
उनके स्वागत का !

7-10-90

कौन-सी राह

तौलिए की तरह
टँगा हुआ है अख़बार
औंधा गई हैं सुबह की सुर्ख़ियाँ
उन्हें पढ़ो
किस क़दर स्याह हैं वे

क्या हो गया है हमें
पंक्ति-दर-पंक्ति
कॉलम-दर-कॉलम
लहूलुहान हैं शब्द
बिछे हुए हैं लाशों की तरह
इबारत हो गए हैं नंगी
और आँखें हैं कि
आदतन घूरे चली जा रही हैं

खोल दी गई हैं
खोहें इतिहास की
दिमाग़ों से दिमाग़ों की ओर

भभूके उड़ रहे हैं दुर्गंध के
और हम हैं कि
भटक रहे हैं
इत्र-फुलेल की तलाश में दिन-रात

बेख़बर हैं मंदिर-मस्जिद
बेख़बर हैं राम और रहीम
ख़बर नहीं है हमारी उन्हें
और हम हैं कि
बेख़बर हुए जा रहे हैं
अपने आप से उनके लिए

कहाँ मिलेगा हमें हमारा वजूद
कहाँ मिलेंगे अपने आपसे हम
कौन-सी राह है वो
जो चली जा रही है हमारे बग़ैर ?

19-12-90

बहने दो जीवन को मुक्त

सहस्राब्दियों से गुमसुम
खोया-खोया-सा खोज रहा हूँ उसे
दिखता नहीं
स्वाँग के अलावा कुछ कहीं

सड़कों पर उतर आता है
दिलों से निकलकर स्यात्
यांत्रिक शक्लों में—
गाड़ियाँ-लाउडस्पीकर-आर्केस्ट्रा
झण्डे-मालाएँ-प्रसाद-चढ़ावा
पुते चेहरे स्वरूपों के
धनुष-बाण गदा-पद्म
उगी हुई पूँछें और सींग
लड़ता हुआ सद-असद अपना ही
जुलूस में तब्दील हो जाता है

अशोभन हो उठती है शोभा-यात्राएँ
शोर, धुआँ और धूल

भकभकाकर दुर्गन्ध उँडेलता परिवेश
घेर लेता है कानों आँखों और फेफड़ों को
जाम होने लगता है प्रवहमान जीवन
रेंगने लगती है गतिशीलता
अपाहिज हो जाती हैं आस्थाएँ
घिसटने / घिसटते जाने को अभिशप्त
मजबूर हो जाते हैं
विकास और प्रगति / बदलने को राह
उतरने को चक्करदार, तंग और अँधेरी गलियों में
भटक जाते हैं अपने ही भीतर

मजबूर हो जाता है खुलापन
बतियाने को / जताने हमदर्दी
जंग खाए छुरे या त्रिशूल या कृपाण से
और पता ही नहीं चलता
कि पीठ से होते हुए कौन कब हाथ में आ जाता है⋯

बंद न होने दो राहें
बहने दो जीवन को मुक्त
लहराने दो सागर-सा
फूटने कोंपल की तरह
टहलने दो हवाओं-सा
निकलने खेतों की ओर
कारख़ानों तक घूम आने दो
फसलों की तरह लहलहाएगा
ढलेगा फौलाद की तरह
और फैल जायेगा बच्चों की मुस्कान-सरीखा !

20-12-90

किमाश्चर्यम्

वे
चाहते हैं–राष्ट्र
और पनाह माँगने लगता है
देश !

करते हैं–
सत्याग्रह
और उद्दण्ड हो उठता है
झूठ !

कहते हैं–
राम
और अट्टहास करने लगता है
रावण !

जाते हैं–
अयोध्या
और धू-धू कर जल उठता है
अलीगढ़ !

29-12-90

चाहना

चाहता हूँ
थोड़ा-सा नया साल जोड़ लूँ
अपनी उम्र में

नया हो जाना चाहता हूँ
नए साल के साथ-साथ
जैसे फूलों के साथ पत्ते
पत्तों के साथ पेड़
पेड़ों के साथ बाग़
और बच्चों के साथ
नए हो जाते हैं बुजुर्ग

कितना सकून देती है अक्सर
पुराना होते जाने के साथ-साथ
नया होते जाने की चाह !

1-1-1991

नवांकुरों की तरह

जब-जब आता है
नश्वरता का ख़याल
चटखने लगती है आत्मा
जाग उठता है विराग
सोचते हुए दुनिया के बारे में

कितना आसान है
कायरों की तरह मरना
पराजित होना सबके साथ
और डूब जाना अदृश्य काल-सिंधु में

रौंदी जा रही है चेतना
कमतर होते जा रहे हैं साहस और संघर्ष
पूर्ण होती जा रही है अपूर्णता
निगलती जा रही हैं भविष्य भविष्यवाणियाँ
कलुषित होते जा रहे हैं हाथ
फैलती जा रही हैं मृत्युपाश की तरह
उन्हीं की निर्मितियाँ

परिचालित कर रहे हैं विकृत मस्तिष्क जिन्हें
लगातार

कभी नहीं रहा सुंदरता से बैर उनका
कभी नहीं बोई बारूद खेतों में
घोला नहीं हवाओं में ज़हर कभी
लगाई नहीं सागरों में आग
गुँजाए नहीं मृत्यु-चीत्कार आकाश में
रचा नहीं वर्तमान
हाथों ने इस तरह कभी

आएँगे उम्मीद के हाथों में हाथ
नवांकुरों की तरह फूटेगी कोमलता हृदय से
जिएगा जीवन / और
आकांक्षा जीवन की।

13-3-91

पत्थरों के गिर्द

ज़रूरी है कचरा भी
बँगलों और कोठियों के लिए
धूल मिट्टी गू...
(गोबर नहीं मिलता शहरों में)
डालने को गमलों और क्यारियों में
उगाने को फुलवारी
दुबियाने को लॉन

हरियाली और लहलहाते हुए फूल-पौधे
ज़रूरी हैं पत्थरों के गिर्द
और कुछ अदद सूखे आदमी
सींचने को उन्हें
तराशने को करीने से हर रोज़

बरसात हो शायद कल
उग आएँ कुछ बिरवे
दीवार के उस पार
हरी हो उठें सूखी हुई जड़ें

लतरें चढ़ जाएँ दीवारों पर
आलिंगन करें लहराकर हवा का
घेर लें बड़े-बड़े गेटों को

दिखाई नहीं देंगे सींखचे तब
लतरें-ही-लतरें होंगी चारों ओर।

17-6-91

दिवंगत के बारे में

चलो, चाय पी जाय कहीं
बातें की जाएँ

सब चले
झुकाए हुए सिर
कहते रहे अपनी-अपनी

जा बैठे
तलाशकर एक चायघर
'ऑर्डर दिया किसी ने क्या'
जानना चाहा उसने
नचाते हुए आँखें अपनी

किताब थी
हाथ में उसके एक
'बीज' एक झगड़े का
फ़िल्म बन गई है वह / या उसी पर
सूचित किया है उसने

तर्क भी उसके अपने
किताब भी उसकी अपनी
थीम भी थी एक उसी की
चुरा ली गई है जो
दावा किया है उसने

'निर्देशक देगा जवाब
देना ही होगा उसे
चुराई है आख़िर एक कहानी
रॉयल्टी भी देगा अब वही एकमुश्त

नहीं, समझौता नहीं
भिखमंगा नहीं / लेखक है वह
वसूलना जानता है
नहीं है दिवंगत की तरह
जीना जानता है शान से'

चाय पी रहे थे हम
जीवंत हो रहे थे
कर रहे थे याद दिवंगत को !

10-9-91

सम्भ्रम की तरह

अँधेरे का लिहाफ
ओढ़े हुए था समय
और दौड़ रहा था

दौड़ रहे थे हम भी
भीतर एक-दूसरे के
मैं और मेरी अनुभूति

अकाय नहीं थी वह
और न अस्पृश्य
अकाय नहीं था मैं
और न अस्पृश्य

सब कुछ साफ़ था
और मूर्त
लेकिन
सम्भ्रम की तरह लग रहा था यथार्थ !

7-11-91

समर्थ है वही

कवि नहीं लिखता कविताएँ
लिखता है आलोचक
आलोचना में होती है कविता

तुम लिखो—जीवन
आलोचक भर देगा धड़कन
तुम लिखो—आग
आलोचक कर देगा क्रांति

बड़ी चीज़ है आलोचक
कविता से बड़ी होती है उसकी कलम
सात समंदरों की स्याही पीकर
उन्चास पवन के घोड़ों पर सवार
नाप लेती है सातों आसमान

चुप्पी में हाहाकार
हाहाकार में चुप्पी
चीन्हने में समर्थ है वही

कविता के कुएँ से
बड़ा है उसका घड़ा
चाहे तो घड़े का मुहताज हो जाय कुआँ
पिलाए पहले उसे
फिर छके आप
और बचा-खुचा छींट दे
जनता के मुँह पर !

19-12-91

सामर्थ्यहीन

निकलना चाहता हूँ
कविता के संग-साथ
जाना / ले जाना वहाँ
दुख न हो जहाँ

जा / ले जा नहीं सका
कहीं
बैठा हूँ वहीं···

निकलना चाहता हूँ
कविता के संग-साथ
जाना / ले जाना वहाँ
दुख न हो जहाँ !

1-1-1992

रामचरित-मानस

कहो भई रामचरित
क्या चल रहा है तुम्हारे मानस में
क्या घट रहा है तुम्हारे घाट पर ?

क्या कहा—
पानी घट रहा है
गँदला रही है सरजू
हो गई है लाल-लाल गेरुआ

पछीटी जा रही हैं रात-दिन रामनामी चादरें
रंग छूट रहा है
बिगड़ रहे हैं ठप्पायित राम-नाम

अब कहाँ रहे रंगरेज
खुदाबख्श सलीम और शौकत
समा गए कितने ही सरजू में
कितने ही निकल गए अलीगढ़ की ओर

डर लगता है जाते हुए घाट पर !

11-2-92

खोजा जाय अज्ञान

ज्ञान खोज रहे हैं हम
शब्दकोश हैं
शब्द नहीं है ज्ञान
शब्द-ज्ञान है जबकि

क्ष त्र ज्ञ
पढ़े तो थे क़ायदे से
गड़बड़ हुई फिर कहाँ

शून्य से घिर गया है त्र
इधर-उधर हो गए हैं
क्षत्रिय और ज्ञानी
नहीं रहे अपनी-अपनी जगह

अ देखा जाय
खोजा जाय अज्ञान
अनंत है वह भी
उसी में कहीं शायद

मौजूद हो ज्ञान

होता है ऐसा भी
उलटनी पड़ जाती हैं चीज़ें
सीधी करने के लिए कभी-कभी।

5-4-92

नैनीताल : दो कविताएँ

1.
उतरे हों
पहाड़ी ढलान पर
जैसे नक्षत्र
सँभाले हों वृक्षों ने
जैसे चिराग़
ऐसा ही लगता है
आसमान पर टँका हुआ
नैनीताल

कोहरे में लिपटी हुई रोशनी
उतरती है दबे पाँव नीचे
भेंटने का उछाह लिये उससे
चढ़ता हूँ दबे पाँव ऊपर

खुल जाती है लेकिन
उछाह-बँधी गठरी अनायास
बिखर जाती है
तल्लीताल के किनारे

कहाँ गए नक्षत्र
चिराग़ / रोशनी
और उछाह !

2.

दूर उस घाटी से चलकर
पहुँचा हूँ इस चोटी तक
सँभाले हुए हैं पहाड़
पानी-भरी परात हाथों में
इसी ने रचा होगा इन्हें
दर्पण की तरह बिछी हुई है
उलीचकर कठोरता अपनी
उछालकर आकाश में अपना वजूद

उदास हैं देवदार
बुराँस और चीड़ वन
अपनी ही सीढ़ियों से लगातार
चढ़-उतर रहे हैं मकान
लदे हुए हैं पीठों पर पेट
सभी को छूकर गुजर जाती है हवा
फुसफुसाती हुई कानों-कान
गर्दन-भर हिलाते हैं बुजुर्ग
कुल्हाड़े आरियाँ और भीमकाय ट्रक
उतर आते हैं सपनों में उनके
गट्ठरों में तब्दील हो जाती हैं आकांक्षाएँ / और
ज़हर की तरह फैलने लगता है बाज़ार
समूची देह में।

21-11-92

कोई रोग है शायद

बैचेन हो उठता हूँ
पीते हुए
पानी

छटपटाने लगता हूँ
खाते हुए
रोटी

तपने लगता हूँ
बैठते हुए
छाँव में

नंगा हो जाता हूँ
पहनकर
कपड़े

बेकार हो जाता हूँ
पाकर
रोज़गार

सोया रहता हूँ
जागते हुए
रात-भर

कोई रोग है शायद
लग गया है जी को
नाक़ाबिल बनाए दे रहा है
इस दुनिया के !

1-12-92

मंदिर, खिड़की, दरवाज़ा

उसकी भी हिस्सेदारी थी मंदिर में
किवाड़ और चौखटें बना रहा था
अलीमुद्दीन

दूर नहीं था मंदिर से
उसका घर उसकी दूकान
और न मस्जिद के पास
न वह अलीगढ़ कभी गया
न अयोध्या
बाबर के बारे में भी उसने सिर्फ़ सुना है

राम-रहीम सुनते-करते ही
बड़ा हुआ था अलीमुद्दीन
ईद और दीवाली मनाते हुए साथ-साथ

फिर यह आग कहाँ से आई···

अफसोस है तो यही—

घर और दूकान के साथ
किवाड़ और चौखटें भी जलकर राख हो गईं
तो क्या अब इस मंदिर में
खिड़की और दरवाज़ा नहीं रहेगा कोई ?

17-12-92

ट्रेन है यह…

ट्रेन है यह
या कि एक प्रकाशमान गुफा
चीरते हुए
अँधेरे का आदिम साम्राज्य

यंत्रजनित कोलाहल है तीव्र
थरथरा रही है वनस्पति अदृश्य
काँप-काँप उठते हैं
ताड़
नारियल
और कदली वन
सहम उठती हैं मछुवारिनें
सिमट जाती हैं मछलीदार बाँहों में
या समेट लेती हैं
बच्चों को
भीगी भरी छातियों में अपनी
बन जाती हैं सुरक्षा-कवच उनका
बदल जाती हैं सागर-सीपियों में

अनायास

ट्रेन है यह
या कि एक प्रकाशमान गुफा
चीरते हुए
अँधेरे का आदिम साम्राज्य ?

31-12-92 / रात में, रामेश्वरम् जाते हुए

बीमार माँ की याद में

1.
दक्षिण में हूँ माँ
लौट आऊँगा अभी कल-परसों

कहो तो शंख ले आऊँ कुछ
थोड़े सीप थोड़े मोती
या फिर मछलियाँ कुछ सुनहरी

याद है न
हरी-भरी सेवार, कीचड़ और कनफूलों से भरा
वह तालाब
बरजने पर भी उतर जाती थीं जिसमें तुम
पकड़ने मछलियाँ
या तोड़ लाने दूधिया सिंघाड़े…
और फिर कुछ ही देर में
उड़न-छू हो जाता था
नानी का गुस्सा
देखकर चंद मछलियाँ चाँदी की

तुम्हारे पल्लू में

कहो तो शंख, सीप और मोती
सऽब छोड़ आऊँ
ले आऊँ कुछ समुद्री मछलियाँ
तुम्हारे लिए ?

2.
तुम कहाँ नहीं होतीं माँ
अगाध अनंत
उमड़ती हुई समुद्र की तरह

यह समुद्र
है ही क्या
तुम्हारे हृदय के सिवा···
पिता है अगर यह
तो इसकी तरलता में
तुम ही तुम हो
तुम्हारे बिना नहीं हो सकता
समुद्र भी पिता

याद कर रहा हूँ तुम्हें
और महसूस कर रहा हूँ
तुम्हारे ही आशीष की तरह इसे।

3.
तुम अगर स्मृति हो
तो मेरा मस्तिष्क तुम्हारा कृतज्ञ है

सम्वेदन हो तो हृदय
और लहू हो तो रोम-रोम

जब तक मैं हूँ
तुम भी जीवित रहोगी माँ !
जैसे स्मृति
जैसे सम्वेदन
जैसे लहू...

4.
रत्नगर्भा है समुद्र
रत्नगर्भा हो तुम
और मैं तुम्हारे ही होने से
द्युतिमान

न जाने कब किस युग में
हृदय ने तुम्हारे
उमड़ना सिखाया होगा इसे
और चमकना
सहस्रार सूर्य-बिम्बों को
झुलाते हुए गोद में अपनी

धूप हवा पानी
जो भी सागर को बनाता है सागर
तुम्हीं पर अवलम्बित है
धरणी हो तुम
धारण किए हुए
इस अनंत करुणागार को...

5.

यह रामेश्वरम् है माँ !
और तुम
यहाँ भी मेरे साथ हो

कितनी ही बार
पवित्र किया होगा
तुम्हारी अंजुरि ने गंगा को
और गंगा ने सागर को

दूध के साथ चखा था जिसे मैंने
वही आज फिर मेरी जीभ पर है
तुम्हारा ही पसीना है माँ इसके खारेपन में
तुम्हारा ही सलोनापन

आँखों में भर लाऊँगा इसे
तुम्हारे पाँवों तक
तुम मेरा इंतज़ार करना।

22-12-92 / 1-1-1993

पुनर्नवा

यात्रा में हूँ मैं
यात्रा में है समय
चल ही रहे हैं दोनों
नया हो रहा है यह
नया हो रहा हूँ मैं

रुकूँगा नहीं कहीं
चलता ही रहूँगा साथ-साथ
स्पर्धी हूँ कालजयी
रहेगा यह
रहूँगा मैं

और गया भी अगर
तो लौट आऊँगा नया होकर
जबकि लौट नहीं पाएगा यह।

1-1-93 / आधी रात, रामेश्वरम् जाते हुए।

रामेश्वरम् से राम के लिए कुछ कविताएँ

1.

अयोध्या को
अब मत लौटना राम
वहाँ से तुम्हें यों भी
सदा ही निष्कासन मिला

सुना है दक्षिण में हुआ था
तुम्हारी सीता का हरण
और अब उत्तर में हर ली गई है
तुम्हारी मर्यादा

सुना है वेदज्ञ था रावण
और वेदज्ञ हैं आज भी लोग
यह कैसा इतिहास है प्रभो !
भक्त-अभक्त के बीच यह कैसा अभेद ?

समझाओ न तुम्हीं
किसलिए छोटा करना चाहते हैं तुम्हें
वेदज्ञ और धर्मज्ञ जन

कौन-सी नई मर्यादा देंगे तुम्हारे पुरुषोत्तम को
कौन-सी नई पावनता सौंप देंगे तुम्हें
सीता की तरह

इस बार तुम्हें ही
अग्नि-परीक्षा देनी होगी राम !
फिर-फिर सिद्ध करना होगा तुम्हें
अपना होना
मात्र अयोध्या में क़ैद कर देना चाहते हैं
तुम्हें तुम्हारे भक्तजन
सीमित एक गर्भगृह में...
भूलकर भी
लौट मत जाना उस ओर !

2.
आख़िर जनमे ही क्यूँ
अयोध्या में
सारा देश पड़ा था
समूचा जम्बू द्वीप
अवतार थे आख़िर
अवतरित हो सकते थे कहीं भी
और किसी भी तरह
भविष्यद्रष्टा होना चाहिए था तुम्हें
भारी ग़लती की रामलला

जानते तो थे रघुवंशियों को
नाहक ही गोरों में जा विराजे द्रविड़रक्त...

यों ही नहीं निकाला गया था तुम्हें

अयोध्या से
यों ही नहीं पार कर आए थे विंध्याचल
यों ही नहीं आ गए थे सिंधु-तट पर
यों ही नहीं स्थापित कर दिया था शिवलिंग
और यों ही नहीं अपना लिया था
दक्षिण ने तुम्हें

ब्राह्मण थी अयोध्या
ब्राह्मण था लंकेश
सह नहीं सकी अयोध्या
सह नहीं सका लंकेश

यह बात और है कि कल तुमने
लंकेश को नष्ट किया था
और अब नष्ट किया जा रहा है तुम्हें
अयोध्या समेत !

3.
वह रहा गंधमादन
लक्ष्मणतीर्थम् यह
और यह कुण्ड सीताम्मा का
हर ओर हैं
तुम्हारे ही पुर-परिजन

सिया राममय है सारी क़ायनात
झूठ नहीं कह गए हैं तुलसी
हैरान हैं फिर भी कबीर
निढाल हो रहे हैं कहते-कहते–

दशरथ-सुत तिहुँ लोक बखाना
राम-नाम का मरम न आना…

अयोध्या को समझाओ प्रभो
आज भी नहीं जानती वह
तुम्हारे नाम का मरम !

4.
यह समुद्र है
या तुम्हारा चरित्र ?

कहाँ देखा होगा तुम्हें
वाल्मीकि ने
पाया होगा कालिदास ने कहाँ
कहाँ चीन्हा होगा कम्बन ने
प्रश्नाकुल हुए होंगे क्योंकर भवभूति
और किसलिए गाया होगा
तुलसी ने तुम्हें

मैं भी उतर जाना चाहता हूँ
इसी समुद्र में
थाह लेना तुम्हें
लेकिन इतना उन्मत्त क्यों है यह
इतना मर्यादाहीन…

हे पुरुषोत्तम !
समुद्र है यह
या तुम्हारा चरित्र ?

5.

तुम्हारे नाम की हो रही है लूट
हे राम !
तुम्हारे नाम को जप रहा है झूठ
हे राम !
तुम्हारे नाम से भर रहे हैं पेट
हे राम !
तुम्हारे नाम पर ठग रहे हैं सेठ
हे राम !
तुम्हारे नाम पर सजे हुए हैं बाज़ार
हे राम !
तुम्हारे नाम पर जम गया है ब्योपार
हे राम !
तुम्हारे नाम पर डाकू भी संत
हे राम !
तुम्हारे नाम की महिमा है अनंत
हे राम !

6.

राक्षस हो अगर कोई ब्राह्मण
और फिर सत्ताधीश
तो रामावतार से कम
कालबली नहीं चाहिए उसे

हे राम !
रावण अगर राक्षस था
तो उसे इस तरह मुक्त क्यों किया तुमने
कि सहस्रानन हुआ घूम रहा है आज आसेतु-हिमालय ?

1-1-93

बस्तों की जगह

लौट आए हैं बच्चे
फेक दिए हैं बस्ते बिस्तरों पर
जा घुसे हैं रसोईघर में
खेलने निकल जाएँगे इसके बाद

लौट आएगा ट्यूटर
खा जाएगा कीमती समय
कलप रहे हैं बच्चे

केबल से जुड़ी है टेबल
टेबल से जुड़ा है टी.वी.
टी.वी. से जुड़े हैं बच्चे
बच्चों से जुड़ी है सरकार
सीख रहे हैं बच्चे
ज्ञानवृद्ध हो रहे हैं

ताक रहा है भविष्य
बस्तों की जगह आ जाएगा कंधों पर
तैयार हो रहे हैं बच्चे !

4-1-93

लौट आएँगी आँखें

ख़ामोश हैं किताबें
सजी हुई शेल्फों
और शो-केसों में

चमक रहे हैं नाम ज़िल्दों पर
रचयिताओं के

क्या कुछ नहीं हैं सँजोए हुए
अपने भीतर
अक्षरों की एक पूरी दुनिया
शब्दों के कितने ही समाज / और
जमातों पर जमातें वाक्यों की

अर्थ भी होंगे ही कहीं
हृदय और मस्तिष्क
छुअन बहती हुई नदी की
हवा का स्पर्श
रंग फूलों और तितलियों के

धूप-जैसी इच्छाएँ गुनगुनी
सुगबुगाहट एक नई दुनिया की

लौट आएँगी आँखें
इंतज़ार कर रही हैं किताबें !

4-1-93

उदास न होना

उदास न होना
प्रिय दिवंगतो !
सुर्ख़ियों में हो आज तुम ही तुम
मौजूद हो सभी अख़बारों में
राष्ट्रीय हो गए हो निस्संदेह

घोषित कर दी गई है मुआवजा-राशि
भेज दिए गए हैं परिजनों को
दर्जनों रूमाल
खाली करा दिए गए हैं फुटपाथ
सुस्थापित है पुनर्वास मंत्रालय

साक्षी हैं पंडितजन
साक्षी हैं मुल्ला-मौलवी
गवाह है पुलिस कप्तान
गवाह है मजिस्ट्रेट
और गवाह है समूची सरकार
बाक़ायदा जलाया और

दफ़नाया गया है तुम्हें···

उदास न होना
प्रिय दिवंगतो
सुर्ख़ियों में हो आज तुम ही तुम
राष्ट्रीय हो गए हो निस्संदेह !

11-1-93

टूटा हुआ रथचक्र

लड़ रहा था वह
घिरा हुआ / महारथियों के बीच

व्यूह की तरह था मंच
और अभिमन्यु की तरह स्वयं
उठाए हुए था
ध्वस्त काव्यरथ का पहिया

उठाए हुए था
और घुमा रहा था

लोग हतप्रभ...
फिर हँसे
ज़ोर-ज़ोर से हँसने लगे
तोड़ नहीं पाएगा व्यूह
टूटा हुआ रथचक्र

थुलथुल हँसती हुई तोंदें

भंगिमाएँ महारथियों की
मनोरंजक हो गई है चीख़
नपुंसक एकाकी आक्रोश

फेंक दिया उसने रथचक्र
और शहीद हो गया···

पीठासीन थी कायरता
और लोग हत्प्रभ !

17-2-93 / जोया (मुरादाबाद)

शिकार की हद तक

तुम्हारे भीतर
चहचहाती है जो गौरैया
खींचती है अपनी ओर
भरोसा करती है

नहीं जानती
एक जंगल है मेरे भीतर
जाल लिये बैठा है बहेलिया…
और शिकार की हद तक ख़तरनाक
खूबसूरती तुम्हारी

लेकिन तुम्हारे भीतर बैठी हुई वह गौरैया
चहचहाना उसका
और वह भरोसा…
निहत्था कर जाता है मुझे अनायास
और मेरी आँखें
एक शांत स्निग्ध झील में तब्दील होने लगती हैं।

3-3-93

अपने तक ही

हे समुद्र
सारा पानी तुम
अपने पास क्यों नहीं रखते
उमड़ने लगते हो आकाश की ओर
करने लगते हो अठखेलियाँ हवा से
थाम लेते हो उसका आँचल
और उड़ा ले जाती है वह तुम्हें
अपने संग-साथ

हे मेघ
सारा पानी तुम
अपने पास क्यों नहीं रखते
घुमड़ने लगते हो आप ही अपने में
मँडराने लगते हो धरती के आस-पास
पिघलने लगते हो उसके देह-ताप से
और बरसने लगते हो
धारासार

हे नदी
सारा पानी तुम
अपने पास क्यों नहीं रखतीं
मचलने-इठलाने लगती हो
अपने ही देह-दर्पण में
सुहातीं नहीं बर्फ़ ढँकी चोटियाँ तुम्हें
गला डालती हो अपने आप को स्वयं
बहने लगती हो अधोमुखी होकर
निकल जाती हो बूँद-बूँद इस्तेमाल होती हुई
समंदर की ओर

हे समुद्र
हे मेघ
हे नदी
अपने तक ही
सीमित क्यों नहीं हो तुम ?

23-3-93

प्रेम-पात्र

यह अंसारी रोड
और वह गलियों-गलियों दौड़ रही है
कोई इक गोदाम खुला होगा धोखे से
या फिर शायद सेंध लगी हो तहख़ाने में

रुकी नहीं है कहीं
झाँककर देखा-भर है
बंद खिड़कियों-दरवाज़ों से आँख सटाकर
क्रीम-पावडर सेंट-वेंट की गंध उड़ाती सुंदरियों को

कितनी-कितनी बासें कैसी-कैसी गंधें
तहख़ानों की कॉकटेल गंधों से बदतर

सीना ताने खड़ा हुआ मज़दूर गली में
चोटी से ऐड़ी तक बहता हुआ पसीना
ठिठक गई है ज़रा सामने जाकर उसके
लिपट गई है स्याह देह से आँचल-जैसी
समा गई लो उस भोंदू के रोम-रोम में !

21-5-93

भूत इस धरती पर

अलविदा दोस्त
जाओ···
ऊँचाइयाँ अब तुम्हारी हैं
और तुम ऊँचाइयों के

दिखाई नहीं देंगे लोग
दिखाई नहीं देगी भूख
ग़रीबी और बदहाली
दिखाई देंगी सिर्फ़ अट्टालिकाएँ
और टॉवर्स

कहीं नहीं होगी धरती
कहीं नहीं होंगे झरने / नदियाँ
पहाड़ और लहलहाती हुई फसलें
हरे-भरे गाछ और
घास-भरे मैदानों में सींग जुड़ाते बछड़े

उड़ानें होंगी हवाई

सनसनाते सपने
अंतरिक्ष और आकाश-गंगाएँ
भारहीन हो जाओगे
भूत हम सबके लिए
अभूतपूर्व !

11-9-93

साथ-साथ सबके

गेहूँ के दानों में दमकता है पंजाब
काश्मीर महकता है केसर में
चाय की पत्तियों में आसाम

सब कहीं देखता हूँ इन्हें
महसूस करता हूँ अपनी देह में
देश हूँ मैं

बुनियादें दीवारें और छतें
संज्ञाएँ-भर नहीं हैं
अंगांग हैं मेरे
समुच्चय हूँ सभी का
स्थापत्य करोड़ों-करोड़ हाथों का
घर हूँ मैं

समझाना चाहता हूँ
समझते हुए उन्हें
एतराज़-दर-एतराज़

चलना चाहता हूँ साथ-साथ उनके
सँभालना लाठी की तरह
सँभले रहने के लिए स्वयं
पिता हूँ मैं

न सही किसी की ज़रूरत
मेरी ज़रूरत हैं सभी
सहस्राब्दियों तक जीना चाहता हूँ
साथ-साथ सबके।

23-11-93

बनारस नहीं सुना कभी !

कहाँ से आ रहे हो भाई
—अयोध्या से
और तुम
—अलीगढ़ से
और तुम
—अमृतसर से
और तुम
—श्रीनगर से
और तुम
—गुवाहाटी से

और बनारस ? बनारस से नहीं कोई !
बनारस नहीं सुना कभी
नहीं गए कभी बनारस
आए नहीं बनारस होकर कभी ?

वहाँ ज़रूर जाना एक बार
नापते हुए आसेतु-हिमालय पूरा देश
लौट आना इसी जगह

फिर देखना कितने भाँडे फूटे मिलेंगे यहाँ
इसी चौराहे पर

ख़ैर, सुस्ता लो थोड़ी देर
पस्त दिखाई दे रहे हो एकदम

वो देखो
उस पेड़ की छाया चली आ रही है इसी ओर
लेट रहो घड़ी-भर उसमें
चाहो तो बिछाकर ओढ़ भी सकते हो उसे

पगडंडियाँ तो मिली होंगी कई
छुआ होगा बहुतों ने तुम्हें
पूछा भी होगा गन्तव्य
तुमने भी पूछा किसी से
नाम और पता उसका
गाँव-गिराँव तहसील या जिला
उम्र, उदासी या खुशी उसकी

नहीं…नहीं रुके पल दो पल
पत्थर ही रहे आख़िर
बढ़े नहीं किसी की ओर
चलते ही चले आए अपनी धुन में

मुश्किल नहीं था पगडंडियों के लिए
दे सकती थीं बनारस का पता वे भी
बहुत पुरानी है काशी के जुलाहे से दोस्ती उनकी।

10-12-93

बड़ी हो रही बेटी से

1.
'अपने' घर जाना है तुम्हें
कह रहा हूँ मैं
नज़रें नहीं उठा पा रहा

हिमालय-जैसे हैं तुम्हारी आँखों के सवाल
बौने हैं सदियों से बार-बार
दिए जा रहे जवाब !

2.
जन्मपत्री तलाश रहा हूँ तुम्हारी
तुम्हारे लिए नहीं छापी गई थी वह
पुत्र ही पुत्र सुमुद्रित था उस पर

बड़ी हो सकती थी बड़ी ई लगाकर जन्मपत्री
बराबर बिठाया जा सकता था पुत्री को पुत्र के
मैंने ही बड़ा किया अंततः तुम्हें
बदल दिया पुत्र को पुत्री में
दुरुस्त कर ली परम्परा यों ही !

3.

परम्परा नहीं हो तुम
फिर भी अलगा नहीं सका
नहीं कर सका पुनर्संस्कारित
परम्परा की ही तरह पालन करता रहा तुम्हारा
देखता रहा बढ़ते हुए डर की तरह
डरता रहा अपनी ही कायरता से
अपना ही डर डराता रहा मुझे
सन्नाटा भरती रहीं कानों में पगलाई आवाज़ें
अहसास कराती रहीं जंगल से गुज़रने का
गुज़रते चले जाने का हर रोज़

काश, खुद से अलग रहकर
सोच पाता तुम्हारे बारे में।

4.

मेरी आँखों में नहीं हो सकते
तुम्हारे सपने
मेरे कण्ठ में तुम्हारे गीत

देखो और गाओ

यथार्थ को ही देखना और
सुनना चाहता हूँ तुमसे
तुम्हारी ही आँखों में है मेरी दुनिया
उन्हीं में है अनागत हँसता-खेलता
अनुभूत करना चाहता हूँ उसे
होना सामर्थ्यवान तुम्हीं से।

5.

अच्छा बताओ तो
कैसे सास-ससुर के पाँव छुओगी भला
दोस्ती गाँठोगी ननद से कैसे
कैसे नहीं उठाओगी नज़रें
रहोगी अदब से कैसे
कैसे करोगी पति की मनुहार
रिझाओगी भला कैसे

किस तरह उठ खड़ी होओगी मुँह-अँधेरे
बुहार डालोगी घर-आँगन
धो-पोंछ दोगी फ़र्श का चेहरा
चमकाओगी बर्तन चमाचम कैसे
कैसे उतारोगी चाय में फ़्लेवर नया
कैसे बना पाओगी खाना लज़ीज़
जमाओगी करीने से टिफिन कैसे
कैसे बदलोगी प्यार को फाँक में अचार की
उड़ाओगी चुम्बन हवा में कैसे
कैसे रहोगी खुशबू की तरह साँसों में उसकी

किस तरह करोगी इंतज़ार भला
मुस्कुराओगी किस तरह आठों याम
किस तरह गाँठोगी दोस्ती टी.वी. से
बचोगी बनने से एपीसोड कैसे
किस तरह बतियाओगी किताबों से कभी-कभी
उतार पाओगी आसमान धरती पर किस तरह ?

19-9-94

चाहता हूँ कहना

मेरे ही भीतर था मेरा घर
प्रवेश करना चाहता था बरसों से
अपने ही वजूद में

इच्छाएँ दुआएँ और
खुशियाँ
रोम-रोम से फूटता हुआ पसीना
आकार लेता रहा ईंट-दर-ईंट

बाँध लेना चाहता है लेकिन अब मुझे ही
बंद कर लेना खुले किवाड़ों
झाँकने तक नहीं देना चाहता बाहर

अच्छी लगती हैं
फुदकती हुई चिड़ियाएँ
गाती-गुनगुनाती हुई
अच्छा लगता है
गूटर-गूँ करता हुआ कबूतर

इच्छाएँ हैं तमाम
चहचहाती हुई मेरी ही

चाहता हूँ कहना फिर भी उन्हीं से
अपने पंख मुझे दे दो
दो-गुने करके लौटा दूँगा तुम्हें
तुम्हारे आसमान के साथ।

7-10-94

बीज ही नहीं हो तुम

मौजूद है कुठार
निर्द्वंद्व फिर भी
उग आते हो फोड़कर
धरती की परत कठोर

फूट आते हो आँखों से अपनी
बदल डालते हो ओस-कणों में
तरलता हृदय की

बीज ही नहीं हो तुम
चाह हो जीवन की
उछाह लहलहाने का
संकल्प हरेपन का

टूटता रहे कुठार
टूटते रहें अंगांग
फूल-फल पत्तियाँ और शाखाएँ
टूट नहीं पाएगा संकल्प
बावजूद कट-कट जाने के हर बार।

25-9-1995

टायर-चिह्न

संस्कारों में हैं वे
हिस्सा हमारी स्मृति का

नदियों जंगलों और कंदराओं से
घर-घाट तक
फैले बताए जाते हैं पद-चिह्न उनके
दिख जाते हैं पुरखों को
आज भी कहीं-कहीं
सब कुछ दिखा सकता है
मोतियाबिंद श्रद्धा का

तलाश हम भी रहे हैं
राह और पद-चिह्न उनके
चलना चाहते हैं
अनुगमन करना उनका

लेकिन हिल्स और रिज़िज़
कोठियाँ वातानुकूलित

सिक्यूरिटी ज़ैड स्तर की
रॉल्स रॉयस कारें…कण्टेसा…

उड़ते हुए निकल जाते हैं वे
पादते हुए हवा में / और
छोड़ते हुए सड़कों पर टायर-चिह्न !

21.10.95

अधुनातन पुरखे

मिथिला के भू-भाग रुचिर वे
पकी सुनहली हँसती फसलें
धान कूटतीं कोकिल कंठी
आम-लीचियाँ ताल-मखाने
ऐसा कुछ भी यहाँ नहीं है

यहाँ नहीं हैं
उड़द-मूँग की गद्दर फलियाँ
और चने के लद्दर बूटे
हरी-भरी बँसवाड़ी के घन-सघन कुंज वे
अमराई-ताड़ों के झुरमुट
टहनी-टहनी से फूले-झूले कदम्ब-तरु
मौलसिरी के फूल ढेर-से ताज़े-टटके
यहाँ नहीं हैं

यहाँ नहीं है
'रंग-बिरंगी फूलोंवाली
हरियाली से ढँकी पहाड़ी

देवदार की सरो-चीड़ की
कोसों फैली हुई क़तारें
उन हिममय ऊँचे शिखरों के
अद्भुत और विचित्र नज़ारे'
ऐसा कुछ भी यहाँ नहीं है

फिर ऐसा क्या है
आख़िर इस सादतपुर में
जिसको एक घुमक्कड़ कवि ने रुककर चीन्हा
सौंप दिया जिसके हाथों में डेरा-डण्डा
जिसके डील-डौल को अपनी गलबाँही दी

सोचा होगा
सादतपुर है तो दिल्ली में
लेकिन सादतपुर में दिल्ली अभी नहीं है
अभी शेष हैं कुछ निशान सूखे खेतों के
फसलों-खलिहानों की कुछ यादें बाकी हैं
बाकी हैं चौपालें-चारपाइयाँ-हुक्के
मैना गुर्जरियों के कुछ क़िस्से बाकी हैं
बाकी है गर्मी का मौसम जाड़ा बाकी
बाकी महक मटीली पहली बरखावाली

गाँव तरौनी
दरभंगा-पटना से चलकर
लंका जमे चढ़े जा तिब्बत
आख़िर लौटे मैदानों में
भूमि-सुतों के साथ लाठियाँ थामी-भाँजीं
भूमि-सुताओं के साहस से साहस पाया

हरकारे की तरह घूमते कविता बाँची
पत्रहीन नंगे गाछों को देखा-समझा
क्रांति-पुरुष को जा सलाम की लाल चौक पर
राजघाट पर सत्य-अहिंसा को अपंग रिरियाते देखा
शालवनों में गहरे धँसकर आरण्यक छवियों को बाँचा
क्रांति-सैनिकों को चुम्बन देने को ललके
चंदू से अपने सपनों को मरम बताया

झूठ नहीं है
बाबा ने दुनिया देखी है
पर मैंने बाबा देखे हैं

देखे हैं घर के आँगन में
सुबह-शाम खटिया पर बैठे
अख़बारों की हैडिंग छूते मोटी-मोटी
दायाँ कान सटाए आकाशीवाणी से
पढ़ते कोई पत्र-पत्रिका अथवा पुस्तक
ताज़ा-ताज़ा गीले-गीले छापेवाली
कणिका को तस्वीरें पास बिठा दिखलाते
मुस्कानें दंतुरित देख फिर-फिर मुस्काते

देखे, ठहर देखते कटहल-अमरूदों को
आम और जामुन को एक साथ बतियाते
देखे, देख रीझते सहजन के फूलों को
गुण बतलाते जवा मिर्च के साथ-साथ
तुलसी बिरवे के

देखे हैं कच्चे-पक्के रस्तों पर चलते

डगमग-डमगम छड़ी जमाए
गिन-गिनकर रखते क़दमों को
दरवाज़े-दरवाज़े पुर-परिकम्मा करते
राजी-खुशी पूछते सबकी सबसे मिलकर
अते-पते की बातें करते बुढ़ियाओं से
बहू-बेटियों के हाथों को ले हाथों युवतर हो जाते
बच्चों से व्याकरण सीखते
कविताई का...

कई बार मैंने कुछ यों देखे हैं बाबा
लौट गए हों पैंसठ-सत्तर साल पिछाड़ी
ठक्कन-वैद्यनाथ को ही फिर से चित करते

लो देखो, वे ठिठक गए हैं चलते-चलते
मैंले पाँवों चप्पल देह पजामा-कुर्ता
जर्सी बुनी हुई विमला के हाथ-माथ से
झुके हुए कंधों पर गमछा कुछ ललछौंहा
ऊपर ऊनी-सूनी टोपा तीरेवाला
बड़े-बड़े हैं कान नुकीली ऊँची नासा
होठों पर गम्भीर शरारत मुस्काती-सी
दाढ़ी पर कैंची सईद की सादतपुरिया
मुट्ठी-भर गर्दन के ऊपर सिर ही सिर है

देख रहे हैं नज़र टिकाए
ब्रेख़्तनुमा घुच्ची आँखों से
अमलतास कचनार और वह धूसर आँगन...
'रमाकांत के जाने से ये भी उदास हैं
ग्रेट बहुत थे रमाकांत जी...

आशाराम…जानते थे न…देखे होंगे
कामगार थे कैडर में थे
बड़े पुराने कामरेड थे असली / खाँटी
अक्सर ही बातें होती थीं घंटों-घंटों
बहुत सहे-समझे थे दिल्ली के नेतागण
अब तो बस यादें बाकी हैं…'

दुनिया कहती दुनिया-भर के
मैं कहता सादतपुर के हैं
बाबा अधुनातन पुरखे हैं !

1-6-1996 / बाबा नागार्जुन के 86वें जन्मदिन पर।

अच्छा लगता है

सो जाना कहानी सुनते हुए
और जागते रहना
अपने सपनों में

झूलते रहना इस-उस डाल पर
फूलों की तरह

काट लेना पेंच लड़ाते हुए
तमाम डोरियाँ
और उड़ते रहना अपने आकाश में

उमेठते रहना किताबों के कान
बना देना मुर्गा उन्हें / और
उभर आना सवाल की तरह उनके पन्नों पर

अच्छा लगता है।

10-6-96

पहुँच ही जाओगे

तुम वहीं तक जाते हो
जहाँ तक रास्ता
लेकिन रास्ता
वहाँ तक नहीं जाता
जहाँ तक तुम

यही असल बात है

साधकर चलते रहे अगर
पहुँच ही जाओगे वहाँ
रास्ता नहीं जाता जहाँ।

26-6-96

ज़रूरी थीं प्रार्थनाएँ

नहीं माँ
काफी नहीं था तुम्हारी
करुणा और सेवा का पुण्य
काफी नहीं थे हमारी
कमज़ोर किचड़ाई आँखों से
बहते हुए आँसू

काफी नहीं थीं बजबजाती हुई
बस्तियाँ गलियाँ गटर और
वह सब
समेट लेना चाहती थीं जिसे
नीलाकाश-जैसे ममत्व में अपने तुम

काफी नहीं थीं दुआएँ
अशक्त थीं अशक्तों की तरह
बेअसर बेनूर
खुलवा नहीं सकती थीं दरवाज़ा बहिश्त का
तुम्हारे लिए

ज़रूरी थीं प्रार्थनाएँ
सीढ़ियाँ दिव्य धर्मग्रंथों की
ज़रूरी थे पादरी पंडित मौलवी
ग्रंथी और वग़ैरह-वग़ैरह
चिंता थी
अधिकार भी था उन्हें
अनुशंसा कर सकें प्रभु से तुम्हारी
सेवा की है नरक की आजन्म
स्वर्ग ही देना हे प्रभो, इन्हें

जाओ माँ
क़ायम हैं संग-साथ हम
अपने नरक के
आना फिर लौटकर
इंतज़ार रहेगा तुम्हारा !

17-9-1997 / मदर टेरेसा के प्रति।

●●●